REALIZAÇÃO:

o mundo aqui de dentro

carolina padilha
graziella mattar

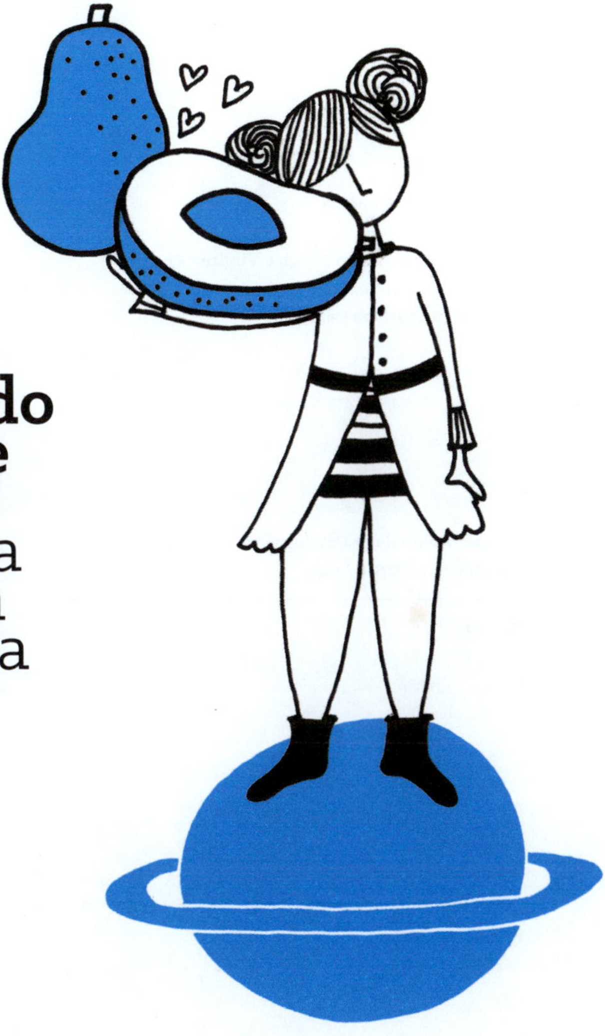

Pólen

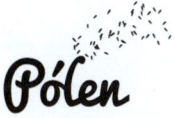

Copyright by Pólen Produção Editorial Ltda., 2016

Concepção do projeto:
Paula Autran
Coordenação editorial:
Pólen Livros
Edição:
Lizandra Magon de Almeida
Revisão:
equipe Pólen Livros (Karin Krogh e Virginia Vicari)
Projeto gráfico e diagramação:
doroteia design/Adriana Campos

Projeto realizado com o apoio do Governo do Estado de São Paulo, Secretaria de Estado da Cultura e Proac 2015.

Dados Internacionais de Catalogação na Publicação (CIP)
Angélica Ilacqua CRB-8/7057

Padilha, Carolina
O mundo aqui de dentro / Carolina Padilha, Graziella Mattar.
-- São Paulo : Pólen, 2016.
96 p. : il., color. ([Palavra de Mãe])

ISBN 978-85-983-4937-4

1. Poesia brasileira 2. Crônicas I. Título II. Mattar, Graziella

16-1088   CDD B869.1

Índices para catálogo sistemático:
1. Poesia brasileira

Todos os direitos reservados à Pólen Produção Editorial
www.polenlivros.com.br
tel. 11 3675.6077

A Ana, Alice, Helena e Mauro, que não me deixam acomodar

[Carol Padilha]

A minha mãe Leninha e ao meu filho Raulr

[Graziella Mattar]

Com a palavra, as mães

NESSES QUATRO VOLUMES repletos de lirismo e emoção, e pitadas do mais puro humor infantil, sete mulheres muito particulares compartilham suas impressões em palavras e imagens sobre a experiência transformadora e única que é ser mãe. Todas elas têm em comum o fato de refletirem poeticamente sobre a relação da mulher contemporânea com a maternidade e todo o universo abarcado por essa ligação.

Assim, os livros não se restringem apenas à conexão entre mãe e filhos e filhas, mas abrangem também todo o universo no qual essas mulheres se inserem em função desses laços.

São retratos de uma geração de mães que refletem dialeticamente sobre como associar os mais diversos aspectos da vida feminina com seus projetos profissionais e artísticos, enquanto buscam criar seus filhos de forma próxima e consciente. Textos leves, pequenos flagrantes do cotidiano, registros breves da fala tão peculiar das

crianças, se misturam a poemas de fôlego, resultado da perplexidade imposta pelos desafios da maternagem.

A variedade de origens e experiências dessas mães – há quem tenha tido o filho sozinha, quem teve um filho com grave problema congênito, quem engravidou jovem demais, quem desafiou a família para fazer valer seus valores em relação à maternidade – garante um coral de vozes harmônico e original, envolvido em um projeto gráfico instigante e forte que, como não poderia deixar de ser, também foi criado por uma mãe com os mesmos questionamentos e alegrias.

Convidamos a todos a embarcar conosco nesse mundo interno rico e sensível, navegando pelo *chiaroscuro* próprio dessa que talvez seja a viagem mais desafiadora da vida de um ser humano.

Lizandra Magon de Almeida, editora (e filha)

8

9

10

Filha mais velha

Quando filha mais velha chegou, ainda como uma tira azul num teste de farmácia e muito choro e medo numa tarde de quarta-feira, não houve tempo pra muito pensar.
Foi a não decisão mais acertada de todas.

A bexiga estourando de tanta água tomada às pressas pra ouvir aquele risquinho na tela que já tinha um coração que batia, e batia rápido.

Esse mesmo coração que nos assustou no final da gestação, com preguiça de bater de vez em quando.

Já nos nossos braços, colocou-nos pra crescer, amar incondicionalmente, e fez de nós uma família.

12

Me fez enfrentar preconceitos, superar todas as expectativas e rasgar os rótulos que foram colocados em mim. Me fez acertar quando tinha certeza de que estava errando. Aprender a fazer tranças no cabelo, depois de passar anos sem usar um pente. Cozinhar.

E agora cresce, vira adulta. Traça planos pra bem longe. Se tornou uma menina doce, compreensiva, responsável, tolerante, paciente, bondosa.

Corro pra aprender um pouco mais com ela, que já roda o mundo, mas continua ocupando um pedaço enorme do meu coração.

13

14

Filha do meio

Você conseguiu esticar todos os limites que tentávamos colocar. Nos testa insistentemente. Persistência faz parte da sua matéria.

A intensidade que você coloca em tudo o que faz.

Os olhares. As caras. As bocas.

Apaixonada pela música, vive a solfejar enquanto está distraída com alguma coisa.

16

É uma explosão de cores. Nas roupas, nos desenhos, nas escolhas.

Pede provas de amor o tempo inteiro. Porque ama o tempo inteiro, mesmo quando diz odiar.

Quer abraçar o mundo e todas as experiências que ele pode lhe oferecer.
Tem pressa, tamanha a vontade de realizar tudo.
Tem sede de vida.

Não nos deixa acomodar.
E nos ensina que o amor é feito também dessas batalhas travadas.
Nos faz mais pais do que pensávamos ser.
É mais querida e amada do que pode imaginar.

18

Filha mais nova

Filha mais nova sabe que as pedras, folhas secas e galhos podem ser brinquedos incríveis.

Ela adora o mar, as montanhas, fica feliz quando precisa encher o sapato de lama pra continuar numa trilha, passa horas seguindo os peixes enquanto mergulha.

É a menina que conversa com quem estiver na fila junto com ela, que dá tchau para estranhos na rua, que tem um coração tão grande que fica fácil colocar todos nele e considerá-los seus amigos. Ela não tem medo de alturas, ela adora subir em árvores, ela oferece abraços, sorrisos e beijos genuinamente. É gentil com o mundo sem esperar nada em troca.

Chegou para bagunçar tudo por aqui e nos ensinar que, mesmo só tendo duas mãos para ajudar as filhas a atravessar a rua, cabia uma terceira pessoinha na nossa vida. Me fez parar para respirar, andar mais devagar. E entender o tempo dos outros.

Experimenta os sabores, os cheiros, a vida. E tem esse humor que pode mudar como nuvem em dia de vento. Compartilha suas descobertas, suas experiências, suas dúvidas, seus anseios.

Generosa, quer dividir tudo que tem. E anda a guardar seus parcos trocados para dar de presente ao pai a tão sonhada moto de que ele vive a falar.

Na mesa

Mesa do jantar, começa a negociação com
a filha do meio.
Filha: Mãe, pode ser 20 colheradas? Respondo: 25!
Filha: 21? Eu: 25!
Filha: 22? Eu: 25!
Filha: 23? Eu: 25!
Filha: 24? Eu: 25!
Filha: 26? Eu: Tá bom, você venceu, 26!
E tive que segurar o riso até o final do jantar

24

•

Hora do lanche. Filha mais nova pede um pão.
Pergunto se ela quer com manteiga ou requeijão.
Ela me explica: Mãe, eu sou amiga do requeijão.
A manteiga eu ainda estou conhecendo.

•

Filha mais nova hoje no almoço tentando me
convencer a não colocar o arroz integral no prato
dela: Mãe, arroz integral só é permitido para adultos.
Oferecer para crianças é ilegal.

26

•

Filha mais nova tentando me convencer de que não podia comer beterraba no almoço: Mãe, pra alimentação ser saudável o prato tem que ser colorido. Cinco cores. E se eu colocar a beterraba, vai ficar tudo roxo. Só uma cor.

•

Filha mais nova, para filha do meio: Cuidado com os mamões. Eles são bichos perigosos!

•

Almoço. Filha do meio bate pé que não quer comer:
Eu não gosto de comida vegetariana, mãe!
Respondo: Filha, mas não é comida vegetariana.
Filha: Claro que é. É verde!!!!!!!!!!

•

Filha mais nova, ao ouvir a pergunta se já havia
terminado de almoçar: É a mentira mais verdadeira
do mundo, eu já terminei!

30

Escrever e contar

Filha mais nova, que agora lê as letras do mundo, passando em frente a uma escola:
— Mãe, que nome mais estranho pra uma escola!
— Que nome, filha?
— *Sujeito a guincho!*
— Mas quem disse que é esse o nome da escola, filha?
— Tá lá, mãe! Escrito na placa, bem na entrada!

•

Filha do meio chega radiante em casa, anunciando:
— Mãe, eu sou uma menina cursiva!!!
A felicidade pode estar ali, no desenho dançado que o lápis faz na folha de papel.

Filha do meio entrando pro mundo
das frases e palavras escritas.
Estou escrevendo um e-mail e ela,
no meu cangote, lendo.
Num trecho, digito: "Alice estará lá".
Filha para, pensa e me pergunta: Mãe, onde eu vou
estará lá???

33

34

Filha mais nova, no café: Eu escrevo com a mão direita. Eu sou uma pedestra!!!!

•

Filha mais nova, durante conversa, pergunta qual a raiz quadrada de 67.
Não sei responder.
Ela sorri e sentencia: É, mãe, daqui a pouco eu vou estar mais esperta do que você! Não é um número inteiro o resultado!
Quando eu souber o resto da resposta, eu te ensino também! Assim nós duas aprendemos.

36

Escolar

Me atrasei para buscar as meninas na escola hoje.
Quando chego, filha mais nova era a última de sua
série esperando.
Explico o que aconteceu. Peço desculpas.
Ela responde: Tudo bem, mãe. O único problema
é que esse é um horário assustador.
Sem entender, pergunto: Assustador???!?

E a explicação vem assim: Mãe, nesse horário todos os
grandes, do Ensino Médio, estão na portaria.
Quando eu passar, eles vão me parar pra dizer
(e eu imediatamente imagino alguma cena de bullying)...
que eu sou muito fofinha e vão querer ficar
me dando atenção.

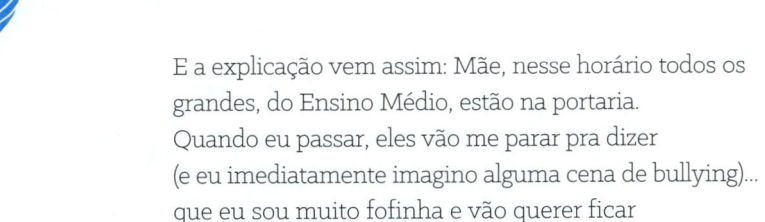

Volta às aulas.
Pai comenta com a filha: Quando vi o nome da sua professora, Sue, achei que ela fosse japonesa.
Filha responde: Pai?! Não tem professora japonesa na minha escola! Só tem professora japonesa no Japão!!!!

Filha mais nova: Mãe, hoje a professora fez xarope do meu desenho!!!!
Eu: ????????. Me explica isso filha, como ela fez xarope?
Filha: Ela pôs numa máquina e o meu desenho virou dois. Você não sabe que existe uma máquina de xarope?!?!?!

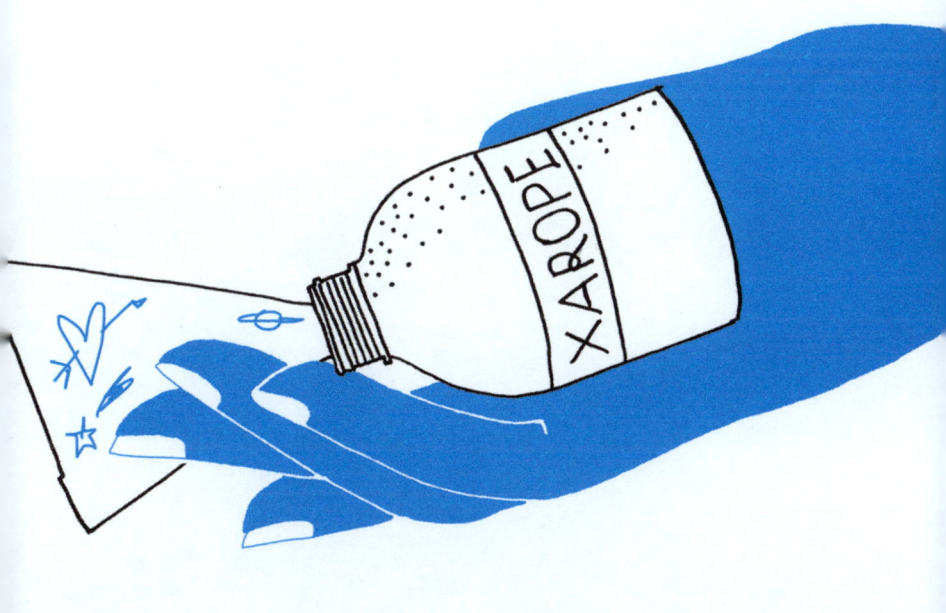

●

Filha do meio chega com um desenho: Mãe,
mãe, eu desenhei São Paulo, Campinas e
todos os outros planetas!!!

●

Primeiro dicionário da filha do meio.
Anda feliz com ele debaixo do braço, descobrindo
o significado das palavras.
Descobrindo palavras novas.
A todo momento abre alguma página e salta
admiração dos seus olhos.
Diz que até o final do ano vai ler ele inteiro.

●

Filha mais nova começa a produzir suas
primeiras artes na escola, giz, pincéis, tintas,
cores, texturas diversas.
Chega com um papel cheio de rabiscos
coloridos e sobrepostos.
Filha do meio diz: Helena, que lindo,
um arco-íris amassado!

E mostrou pra gente o quanto estamos míopes
das poesias do mundo...

41

Saída da escola. Aquela bagunça de crianças, mochilas, pega-pega no pátio, pais e mães buscando os filhos.
E a filha mais nova chega segurando com todo o cuidado e carinho um pedaço de papel.
Vinha vestida de um sorriso que iluminava tudo, seu rosto, seus olhos.
Naquele bilhetinho uma única frase: "Minha macaquinha vose quersin com trar comigo no pomar?"

Coisa mais fofa o tanto de carinho e cumplicidade.
E é isso, ela já tem seu primeiro namorado. E esse bilhete agora dorme embaixo do seu travesseiro.

42

E fomos chamados na escola. Duas semanas após o início das aulas. Professora vinha reclamar da filha mais nova. "Conversa muito. Atrapalha a aula. Mesmo quando recebe pedidos para silenciar, após uns instantes, volta a falar."

Pediu que levássemos ao pediatra. Aquela insinuação velada de que se o seu filho, aluno dela, está "dando trabalho", é que alguma coisa está errada. Errada, a criança.

Explicamos que patologizar comportamento não é uma coisa que vamos aceitar. Que filha é comunicativa por demais. Que isso é traço dela. Mas que sabemos que é importante ela entender e respeitar as regras da sala e não atrapalhar o ritmo dos colegas por conta da sua conversação.

Fizemos um acordo com a escola. Nos falaríamos. Nos ajudaríamos. E, mais importante, ajudaríamos a filha mais nova.

De uns dias para cá fui recolhendo caquinhos de pensamentos dela. "Mãe, eu não sei ler", "Mãe, eu não tenho nenhuma qualidade que encanta os outros, então não vou conseguir responder essa pergunta da lição", "Mãe, se eu repetir de ano o papai não vai ficar bravo, né?".
O que aconteceu com aquela menina que sabia tudo? Mesmo o que não sabia, mas fazia saber?

44

Depois vem notícia que filha não está autorizada a participar das aulas. Fica, junto com mais dois colegas, em outro espaço. "Vamos ver se assim ela entende que precisa se enquadrar", deve ter pensado a escola.

Isso quebrou meu coração. E acho que quebrou uma coisa muito mais importante. Quebrou confiança da filha em todo o potencial que ela tem. Em tudo que ela é.

E de novo ouço: "Falta limites para a menina.
Leve no médico. Ela fala demais. Ela se mexe demais.
Ela não para quieta nos momentos de pátio".

Filha mais nova teve um começo de vida desafiador. Aos dois meses ela teve que enfrentar coisas que assustariam qualquer adulto. Sequestro, ser refém.

Até quase os três anos só conversava com quem estava num círculo muito pequeno que ela criou, um círculo de amor e confiança que era para poucos. Muito poucos.

Mas ela é muito especial. E conseguiu ver o mundo e as
pessoas com seus olhos generosos. E começou a falar,
a acenar pras pessoas, a distribuir sorrisos. A puxar
conversa com todo mundo que estava pelo seu caminho.

E isso é MUITO. MUITO. Pra quem viveu
o que ela viveu.

Então, filha,
fale,
converse,
conte tudo o que quiser
para quem você quiser.

Que achemos outra professora, outra escola, outra
cidade, outro planeta. Pois nós nunca, nunca mais,
vamos deixar que roubem suas palavras.

46

O corpo

Filha mais nova me ensinando como brincar com as nossas barrigas:
— Mãe, emagrece e aperta o ladinho (ela diz, murchando a barriga e puxando a pele na altura da cintura).
Repito. E ela segue com as instruções:
— Agora engordece e a sua barriga vai sorrir igual a um chinês (estufando a barriga feliz da vida).

Minha menina palavreira que acha brinquedos e brincadeiras em tudo!

•

E a discussão no carro, entre TODAS as filhas, era de quem tinha o umbigo mais bonito.
Isso mesmo, o UMBIGO mais bonito.
Com análise de características, ranking, choro e decepção vindos da pior colocada.
Pra terminar com a confusão, decretei: Eu tenho o umbigo mais bonito do mundo.
Pronto! Agora sou a detentora desse título.

•

Mãe pergunta: Filha, o que você estava fazendo com o dedo no nariz?
Filha responde: Tirando "perereca" pra fazer uma bolinha!!!

•

Às voltas com uma apendicite na família, filha
do meio pergunta: Ele tirou o apêndice, mãe?
Respondo que sim.
E ela, com ar preocupado: Mas já colocou de volta
no lugar, né?

•

Caçula, com toda a meiguice, vem me contar:

Mãe, hoje eu tirei uma melecona do meu nariz.
E eu comi.
E ela ficou grudada no meu dente.

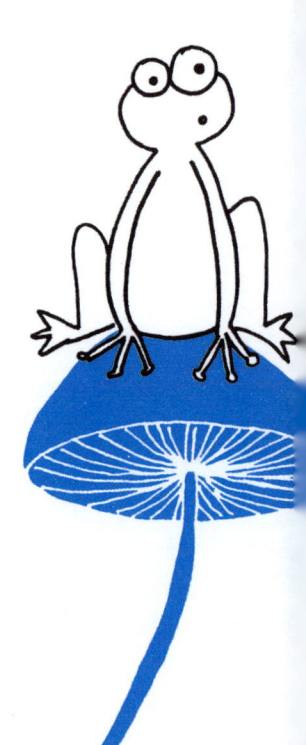

87

Aprender a enfrentar os medos. De altura.
De avião. De sapo. Do descontrole que
é essa vida. Da morte. De não estar. De
falhar. De ser injusta.

Aprender a mudar. Os caminhos.
As certezas. Os hábitos. As prioridades.

Tentar o tempo inteiro. Ser paciente.
Ser tolerante. Ouvir. Acolher.
Deixar o espaço pra vocês.
Ser madura. Ser ponderada.

Vocês estão crescendo e levando a
gente junto. Se nos tornamos pessoas
melhores, o mérito é todo de vocês, que
com paciência foram nos mostrando
qual caminho precisávamos trilhar
e perdoando nossos erros, nossas
escorregadas, nossos pés também
sujos de barro, na sala.

Filha mais nova: Mãe, eu preciso te contar uma coisa.
Pausa.
Ar contrito.
Rosto sério.
E continua: Aquela sujeira de tinta no meu braço não era da aula de artes. Era do presente surpresa para você.
Eu não podia te contar, eu prometi pra professora que não ia contar...
mas eu não estava aguentando guardar essa mentira aqui dentro (e coloca a mão no peito).
Pode ser um segredo nosso?

•

Os preparativos para o dia das mães e a filha que não consegue guardar segredos:
— Mãe, você não pode abrir a minha mochila nem hoje nem sábado, tá bom?
— Mãe, você precisa ficar de olhos fechados até eu dizer pra abrir, que eu vou passar com muitas coisas nas mãos.

Alguns minutos depois:

— Mãe, agora você já pode mexer na minha mochila se quiser. Mas não pode olhar debaixo da minha cama!

Bicharada

Final de semana na Serra da Mantiqueira.
Muitas trilhas, muita lama, muito contato com o mato.
Filha do meio: Mãe, eu quero ter um cavalo malhado.
Filha pequena: E eu quero um cavalo MOLHADO!

•

Filha mais nova ganha uma mehendi.
Feliz com a mão tatuada, sai saltitante.
De repente para. Volta correndo, com ar preocupado,
e me pergunta:
— Mãe, precisa matar a rena pra fazer a tinta?

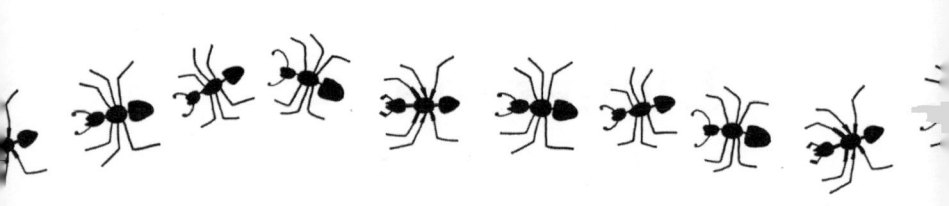

Filhas se arrumando para a escola.
Filha mais nova, ainda descalça, quase pisa numa baita formiga que passeava pela sala.
Filha do meio avisa do perigo e se prontifica:
Eu já estou de tênis, posso matar a formiga.
Filha mais nova: Olha a mãe Natureza! (e eu sorrio, feliz com a atitude).
Mas logo em seguida ela emenda: Deixa que EU mato. Só preciso colocar o tênis.

79

•

Filha mais nova na sua última aventura no sítio v
com dois abacates
que adotou como filhos.
Eles dormiram na cama junto com ela,
foram apresentados ao novo quintal,
aos cachorros
e suspeito que já tenham nomes.

81

82

83

84

Pra não deixar de lembrar

Maternidade não bateu na porta e entrou devagarinho. Por aqui ela pulou o muro, adentrou a sala com os sapatos sujos de barro, deixou a porta da geladeira aberta e comeu a última colherada de doce de leite que estávamos salvando para a fome do meio da noite.

Não tinha livro. Não tinha curso. Não tinha a experiência dos que já haviam passado por isso. Éramos nós. Vivendo tudo. Sobrevivendo a tudo. Aprendendo. Errando. Empurrados pra vida adulta.

E isso foi bom. Nos pegar desprevenidos.
Filha mais velha ensinou o que é segurar
um bebê pela primeira vez e amar
incondicionalmente. Filha do meio provou que
sobreviveríamos as muitas noites insones e que
os limites são quase ilimitados. Filha mais nova
nos mostrou que nada é mais importante nessa
vida que vocês estarem bem e inteiras.

Sigo aprendendo, todo dia. Com vocês.
Para vocês.

Aprender a ver as belezas pequenas no meio do
caminho. A andar com calma. A parar pra enxergar as coisas. A olhar pro chão. A olhar pro céu.

89

carolina padilha graziella mattar

CAROLINA PADILHA Nasci no interior de São Paulo e mudei-me para a capital no final da adolescência, para cursar História na USP. Também tenho formação na área da educação, tendo atuado como professora no início da minha vida profissional. Nasci mãe da Ana, hoje com 19 anos, ainda cursando a graduação, e me formei com um bebê no colo e projetos redesenhados para a vida que agora precisava comportar duas pessoas. Desde 2001 atuo na área de defesa dos diretos humanos de crianças e adolescentes no Brasil. No meio desse caminho vieram mais duas filhas, Alice, 11 anos, e Helena, 8 anos. A casa ficou mais cheia de pequenas surpresas, novos aprendizados e muitas risadas. E também foi ficando mais difícil passar tanto tempo viajando e longe da bagunça das meninas. Hoje, como consultora independente de direitos humanos, em meio à rotina das filhas, trabalho como voluntária em projetos no Brasil e no exterior.

GRAZIELLA MATTAR Quando comecei a ler os textos da Carol, muitas lembranças da minha infância me vieram à memória, principalmente os dias em que podia desfrutar da companhia de minha mãe. Juntas, desenhávamos mapas, recortávamos imagens de revistas, íamos à casa de minha avó, onde descobri a mágica das coisas simples da vida. Nasci em 1974 em São Paulo. Trabalhei por dez anos com educação, e a convivência diária com as crianças fez com que eu me apaixonasse pelo universo fantástico da infância. O que é impossível, improvável, e tudo o que aparece nas brincadeiras das crianças são a minha maior fonte de inspiração. Em 2010 nasceu meu filho Raul, e assim experimentei a sensação mais mágica de todas. Através de suas brincadeiras enxergo o mundo de outra maneira e experimento a simplicidade do dia a dia. Com ele nasceram meus primeiros livros.

claudia pucci abrahão
cibele lucena

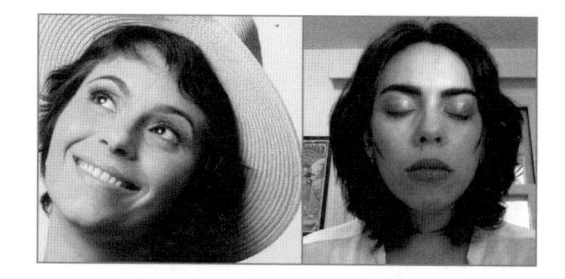

CLAUDIA PUCCI ABRAHÃO Sou uma inquieta transeunte nascida mineira e expandida pro mundo. Me formei em cinema pela ECA-USP, dirigi documentários e curtas-metragens e fiz da escrita e do teatro minha morada. Já fui professora de audiovisual na ESPM e hoje dou cursos de escrita criativa. Fui residente do Royal Court Theatre, onde pesquisei a força poética da palavra em movimento. A partir do nascimento do meu primeiro filho, Pedro, em 2007, começou minha jornada pro centro do mundo – lá comecei a ouvir novas histórias para contar. Em 2015, lancei o *Canto da Terra*, relato poético de minhas quatro gestações, três partos e outras travessias. Atualmente, colaboro com o site Ninhada, ministro cursos na Casa das Rosas e escrevo no meu blog www.giradodelirio.com. Depois que me tornei mãe de três meninos, com eles estou redescobrindo o encantamento – e mergulhando cada vez mais no universo profundo da maternidade.

CIBELE LUCENA A geografia me ensinou a percorrer paisagens. Os coletivos artísticos e as intervenções na cidade, a percorrer o que sinto, perceber meu corpo, como vivo e como me relaciono. Em quase 20 anos de trabalho, aprendi que podemos nos habitar, cada vez mais e com mais potência, e assim habitar o mundo. E também que podemos inventar mundos, quando este não faz sentido. Minha mãe dizia que eu podia ser qualquer coisa, menos professora. Desobedeci (tenho gosto por desobediências). Quando o Gil nasceu, virei também mãe. Tudo isso hoje é inseparável e fala de estar presente, dar nome pro que se sente, escutar, aprender e ensinar, amar e fazer proliferar a vida. Participo do grupo de arte Contrafilé e dou aula em espaços como MAM-SP e Instituto Tomie Ohtake. Fiz os desenhos do livro com tinta guache, cola e tesoura, e a ajuda de Marcos Vilas Boas e Gil Fuser na reprodução e tratamento das imagens. E, filho, elas são pra você!

luiza pannunzio

Quando me percebi pessoa, disse: quero ser desenhadora. Mas pra quem nasceu entre linhas e agulhas, com o barulho da máquina de costura da mãe ritmando o coração, foi impossível ignorar o feitio das roupas que ela fazia. Tenho uma loja, faço figurino para teatro e TV. Ilustro para diversos veículos além de desenvolver projetos pessoais. Tenho uma REDE de apoio para famílias que, como a minha, tiveram filhos com fissuras e outros defeitos na face. Estudei artes na FAAP e por um bom tempo me distraí com a fotografia. Cresci, namorei, chorei, sofri, separei, me diverti pacas, casei outra vez e o desenho foi para sempre meu companheiro. Como quem conta uma história em folhas avulsas – tantas, que perco parte delas pela casa. Por uma vida menos ordinária, criei personagens que escapavam a realidade dos dias mais difíceis. Foram alívio. Quando os filhos vieram, fruto de um enorme amor, o desenho se manteve ali. Firme e forte a me salvar. Fazendo o diálogo que me faltava com o mundo que separava as mulheres mães de todo o resto. Então, a solidão ficou para trás. Mas foi o desenho que me resgatou por toda a vida e até agora. Me dando este olhar pra fora. Quando Clarice nasceu, eu, que já gostava de escrever, resolvi começar a fazer um diário para ela, como minha mãe fez para cada um de seus filhos. Quando Bento nasceu, não foi diferente. E o resultado desses primeiros 5 anos de nossa convivência você lê neste livro aqui. Despretensioso que só. Como diria a minha avó: "serve para não esquecer." Precisava falar sobre nós. A gente, você, ela, eles todos. O amor. Mas eu ando mesmo a escrever para que possam vocês – ler, quando crescidos. E, principalmente, para que possam me perdoar.

paula autran
valentina fraiz

PAULA AUTRAN Aos 9 anos, decidi que seria escritora e escrevi desde então. Tornei-me jornalista e escrevi centenas de matérias; dramaturga, escrevi dezenas de peças; acadêmica, escrevi um mestrado (e ando no meio do doutorado). Escrevi sete livros também. Mas foi só quando tornei-me mãe, com a chegada do Arthur, que passei a escrever poesia. E decidi que sempre que tivesse aquele espacinho escrito "profissão" em qualquer formulário, eu escreveria: escritora. É que ser mãe me tornou escritora, mesmo que antes já tivesse passado a vida a escrever. É que Arthur, ao nascer, trouxe com ele a coisa mais preciosa que poderia ganhar: eu mesma. Esta coleção, que idealizei e compartilho com essas mulheres incríveis que tanto admiro, é a prova cabal de que filho nos torna mais fortes, mais unidas e muito mais corajosas.

VALENTINA FRAIZ Sou venezuelana, mas moro no Brasil há anos. Aliás, cheguei por causa da maternidade, formei minha família em São Paulo. Cresci em Caracas, no ateliê da minha mãe, que era arquiteta, desenhista e aquarelista. Minha mãe fazia cartas desenhadas – os tais dos *emoticons* de hoje – e nós nos divertíamos decifrando o texto-imagem. Quando enveredei pela ilustração, percebi na hora que aquilo era quase a mesma coisa que as cartas desenhadas que minha mãe fazia para nós (e que faço para minhas filhas agora). Soledad, minha filha mais nova fala que meu trabalho parece só diversão. Laura, minha filha mais velha, estuda artes e também usa o desenho para falar dela e do mundo. Soledad e eu moramos numa cidade pequenina, na beira de um rio. Em nosso quintal tem pássaros, cotias, macaquinhos e um tatu arisco que só vem de noite. Deve ser por isso que Soledad desenha tantos bichos.

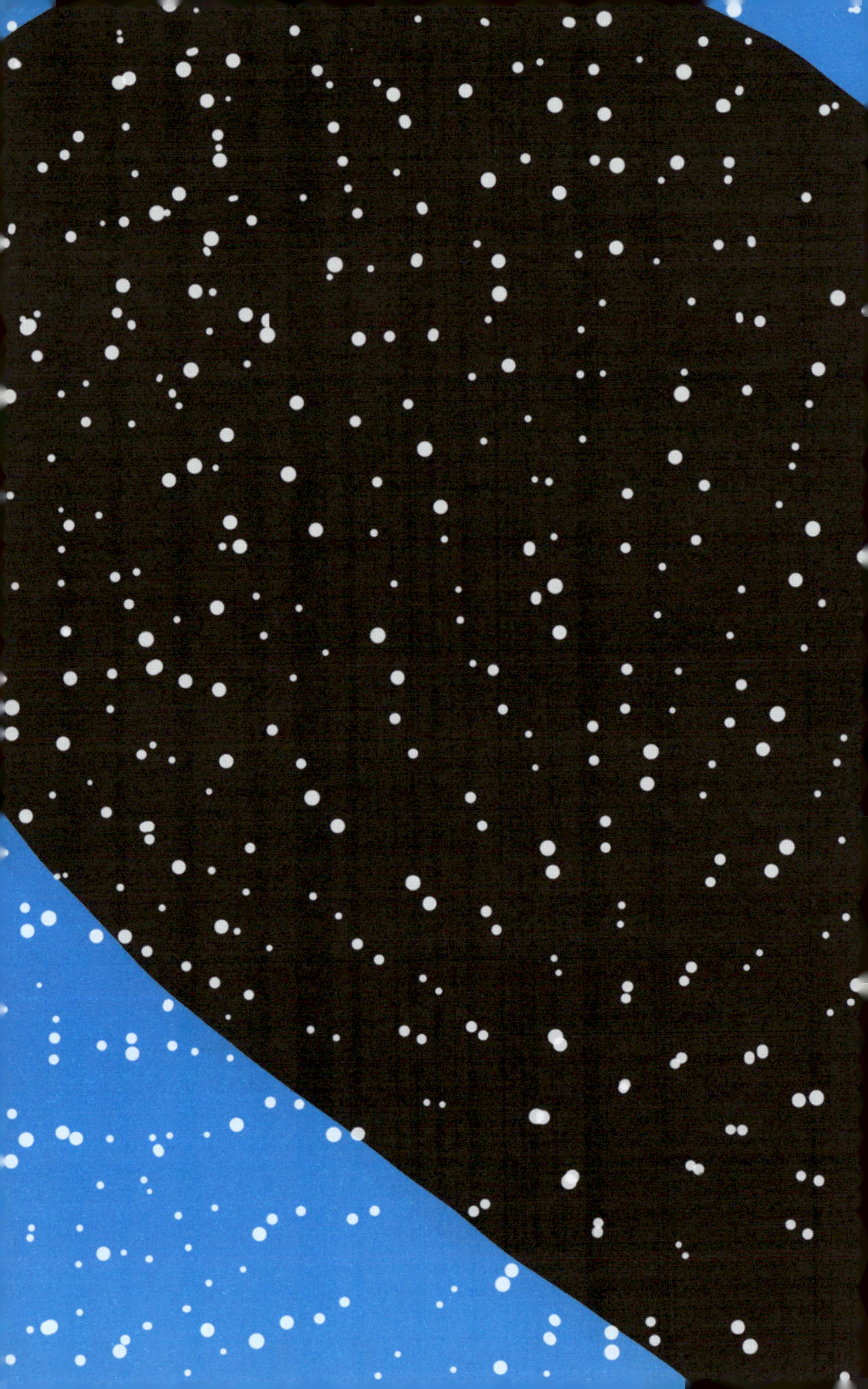

•

Filha mais nova: Mãe, tem axila no suvaco, né?

•

Filha resfriada: Pai! Pai! Tá escorregando!!!
Pai pergunta: O que está escorregando filha?
Filha responde: O meu nariz!!!!

•

Durante almoço comento com meu pai que engordei três quilos nesse fim de ano.
Filha pequena interrompe, pensa alguns segundos, e comunica a todos, enfática: E eu!!! Engordei dois ESQUILOS nessas férias!!!

O mundo lá de fora

Hoje fomos buscar um grupo de crianças chinesas que passariam o dia aqui em casa.
Levo filha mais nova comigo, explico o que faremos e parto pro ponto de encontro.
Chegando lá, aviso a filha que é hora de soltar o cinto e sair do carro.
— Mãe, já chegamos na China?!?! Foi tão rápido!

Assistindo um documentário sobre a Índia
com filha mais nova.
Num dos trechos aparecem meninos comendo
com as mãos.
Filha pergunta: Por que eles estão comendo
com a mão?
Respondo: Eles moram na Índia e em algumas regiões e
famílias por lá eles comem assim.
Filha: Quando nós vamos mudar para a Índia?

52

Filha do meio:
— Mãe, existem pessoas que falam cantonês?
— Sim, filha. Acho que sim.
— Mãe, e elas falam cantando?

Assistindo maratona feminina com
filhas mais novas.
Filha do meio: Olha mãe que
chinesinha pequenininha.
Respondo: Não, ela não é chinesa. Ela é peruana.
Filha: Ah, ela mora na Perua?

53

54

Filha mais nova explicando para uma colega como ela vai ao balé:
— Eu posso ir de carro. Mas dá pra ir de calçada também.

56

O mundo aqui de dentro

Ela: Mãe, preciso comer salada?
Eu: Se você quiser sobremesa, precisa.
Ela: Na minha casa as regras vão ser diferentes!
Eu: Filha, você está pensando em sair de casa? Deixar a mamãe? Sozinha!?!?
Ela: Tá bom mãe, eu moro com você. Mas quando eu crescer e você ficar velhinha, quem vai mandar em casa e fazer as regras sou eu!

•

Piolhos resolvem dar o ar da graça na cabeça de uma das filhas.
Me desespero, compro remédio, xampu especial, aplico em todos na casa.
Faço varredura em todas as cabeças, munida do meu arsenal de pentes. E isso se repete ao longo da semana.
Numa nova inspeção alguns dias depois, aliviada, anuncio que os piolhos já não são mais parte integrante da família.
Filha ex-piolhenta pergunta: Mas por que você estava coçando a sua cabeça? Pulou algum piolho pra você?
Respondo: É psicológico.
Ela emenda: Então vamos procurar esse psicológico e tirar da sua cabeça, mãe!

58

Filha mais nova vem pro meu lado, no escritório,
e pergunta:
— Mãe, posso usar essa folha para desenhar?
Essa que tem os seus "escrivos".

Filha mais nova, enquanto jogávamos "cerca-casa": Mãe, tome cuidado comigo.
Eu posso ser muito perigosa!

Filha do meio com seu novo brinquedo favorito, um bate-bate de madeira.
Preciso me concentrar no trabalho e aquele tac-tac-tac incessante não ajuda.
Peço para ela parar com o barulho e ela responde:
— Mãe, desculpa, mas você vai ter que se acostumar. O mundo é barulhento!

Filhas no carro, fazendo planos para uma gravidez da cachorra aqui de casa.
Filha do meio: Eu vou arrumar a caminha dos cachorrinhos, e vou dar comida para eles!
Filha mais nova: Eu vou brincar, dar carinho, dar água! E a Ana vai ajudar também! E a mamãe vai recolher todo o cocô!!!

-

Filha do meio estava brincando e disse que tinha que tomar cuidado com suas coisas preciosas. Pergunto: Filha, o que é precioso?
Filha responde: Uma coisa que você ama muito e que é muito importante, que você guarda para não perder. Tipo... EU!

-

Filha do meio: Mãe eu gosto de futebol, e de tênis, e de patins, e de skate. Ah, eu também gosto de pular de paraquedas e de homens que encaram cobras e tigres.

-

Filha mais nova cada vez mais autônoma.
Um passo grande foi tomar banho, aquele completo, lavando a cabeleira, sozinha.
Nós em férias, em família e no rodízio para os cinco se banharem no único chuveiro disponível naquela casinha alugada.
Filha mais nova sai do banho, já seca, enrolada no tapetinho do banheiro e anuncia
— Não achei a minha toalha!

Conversa ontem durante o jantar.
Pais discutindo a possibilidade de receber um
intercambista em casa no próximo ano, afinal filha mais
velha está fora e queremos tentar ocupar esse vaziozão
da ausência dela com a novidade de alguém por aqui.
Debate sobre se será um garoto ou uma garota.

Marido vota por uma menina, meninas querem
um menino. Somos uma casa de muitas mulheres.
Ter um "filho" e um "irmão" soa como uma
experiência bastante interessante.
Filha mais nova, tentando ser conciliadora:
— Mãe, não é que já tem muito homem
na nossa família?
Eu não entendo e pergunto: Muitos homens? Quem?
Ela: Ah, mãe, além do papai e do Jambo (cachorro),
tem o Gilberto, o Wando, o Nêgo, o Adilson, o Jailton,
o Bel. Acho que o papai quer mais mulheres.

Quando sua filha começa a considerar o pedreiro,
o encanador, o eletricista, o carpinteiro como parte da
família é um sinal de que a reforma já está longa demais.
Ou que ela tem um coração tão grande
que cabe todo mundo.

Pintando desenhos com filha mais nova.
Resolvemos ser ousadas e partimos pro
giz pastel e aquarela.
No seu primeiro encontro com os pincéis, os traços
imaginados teimavam em brigar com o papel.
Apesar da diversão aparente, ela está frustrada.
Depois de algum tempo, se vira pra mim e pergunta:
— Mãe, eu sempre trapaceio a linha? Por que
a sua pintura não trapaceia?
Eu vou aprender algum dia?

E percebi que eu também demorei a entender que a
beleza está justamente nisso,
em esquecer as linhas que alguém desenhou
pra gente seguir
e fazer o nosso próprio caminho.

63

64

Filha do meio acordou doentinha. Não foi pra escola
e estava borocoxô, deitada em seu quarto. Chamo pra
ficar comigo, ligo a TV, vamos ver algum filme?
TV ligada, filha se distraindo, e num dos intervalos
exibem uma campanha do Médicos Sem Fronteiras.
Ela se endireita na cama para assistir.
E no final sai do quarto.
Minutos depois volta com 30 reais e
uma pulseira colorida.

— Mãe, você sabe como entregar o dinheiro pra eles?
Esses do comercial?
Respondo que sim.
Então quero ajudar, e pede também pra eles
entregarem essa pulseirinha praquela menina que
estava tão triste no filme.

O meu coração se encheu de esperança de que,
no meio de tantos erros, estamos criando pessoas
generosas e solidárias.

66

O tempo e
as suas medidas

Filha mais nova e seus planos para um futuro:
Mãe, quando eu crescer, na quarta-feira vou ser
cabelereira, na quinta-feira vou ser dentista e na
sexta-feira eu vou ser trabalhadora, construir casas.

•

Filhas na mesa do café, me explicando sobre
a idade de uma mulher.
— Mãe, ela era muito velha. Mas MUITO
velha MESMO!
— Ela já era velha quando os velhinhos
ainda eram crianças.
— Ela tinha, tipo... uns 40 anos.

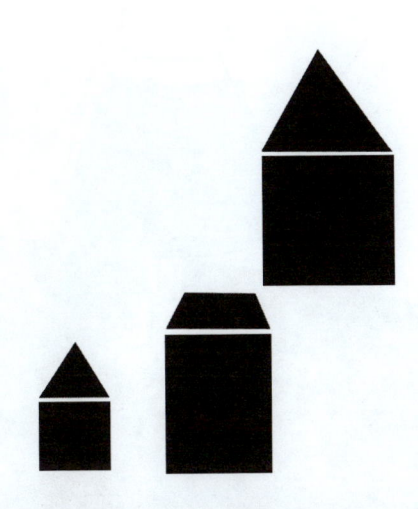

68

•

Filha mais nova pergunta: Mãe, que horas são?
Doze mesas?

•

Sentadas ao sol, na beiradinha do gramado,
aqui no quintal de casa.
Eu e filha mais nova.
Ela começa a contar dos seus planos pra o futuro.
— Mãe, quando eu terminar o ensino médio e depois
da despedida da escola, quando eu souber cantar todos
os hinos (pra ela essa é uma medida da entrada na vida
adulta, saber cantar o hino da escola, o hino do Brasil, o
hino da bandeira), eu vou fazer faculdade onde você fez.

70

E imaginei a minha eterna pequenina de mochilão
feito, dando tchau pra gente.
Olhos ficaram marejados.
Tomara que a passarinha voe alto, voe muito.
Mas que volte pra cantar pra gente de
quando em quando.
Cantar essa música que faz a vida seguir, que faz a
gente continuar, que é a cola de todas as coisas que
sozinhas não fariam muito sentido.

•

Mãe, quando eu crescer vou ser pedreira e construir
um monte de coisas bonitas.

72

Transparência

Eu conversando com filha do meio sobre uma possível mentira que estava sendo armada pela dupla. Relembro o quanto prezamos a verdade e a honestidade aqui em casa. Que a mentira é uma coisa que nos deixa muito triste.
E advirto que mentira tem perna curta.
Filha mais nova interrompe, olhos bem abertos, e diz:
— Mãe, eu tenho perna curta, mas só minto de vez em quando.

74

Tipografia
Klinic Slab
Papel
offset 90g [miolo]
duo design 250g [capa]
Gráfica
Bartira
*Impresso
na primavera
de 2016*

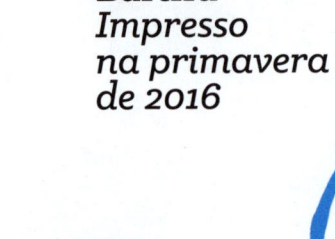